はじめに

　本冊子は、フロレンス・ナイチンゲール生誕（1820年5月12日）200年の節目に作成した。看護師・保健師・医療従事者ではなく、市議・予備校講師である私がナイチンゲールに魅せられた点は、その「執念と夢」である。

　ナイチンゲールは、病院の衛生改革を「執念」で成し遂げ、そして未来（2000年）の在宅看護（在宅医療）への「夢」を持ち続けた。

　正確にはナイチンゲールの行動は「召命*1」から来る「使命感」によるものである。しかし、21世紀の日本の私たちは、ナイチンゲールの生き方から学ぶものを「執念」という言葉に置き換えたい。「召命」「使命感」を感じることがない者でも、仕事にしろ人生の目標にしろ、何かに対する「こだわり」は持っている。しかしそれを貫きやり遂げるには「執念」が必要である。ナイチンゲールは20代の頃、家族に反対され続けても看護の仕事につく願いをあきらめず、30代でクリミアに派遣され、野戦病院で多くの兵士たちを看護し、死を看取った。その戦慄から、30〜40代、旧態依然とした陸軍省に対して、衛生改革を実施するように迫った。自らをクリミアに派遣した政治家シドニー・ハーバートを、その死の直前まで改革に働くように迫ったことを含め、彼女の「執念」が陸軍省、そして一般病院の衛生改革を成し遂げたのである。

　同時に、ナイチンゲールは100年から150年先の未来への「夢」を持ち、語り続けた。理想として語られた「在宅看護（在宅医療）」の夢は、西暦2000年を越えた現在、現実となりつつある。

　2020年代に生きる私たちが、現在（2020年代）になすべき当面の目標は何か？ それを成し遂げる「執念」は？ そして2150年から2200年に向けた「夢」をどう語ったらよいのか？ 150年前のナイチンゲールの生き方を学ぶことが、私たちの生き方のヒントとなるかもしれないのである。

2020年5月12日 朝倉幹晴

第1章（子ども時代）〜「人を支配する能力」・家族からの束縛・数学〜

●誕生と命名

　セシル・ウーダム・スミス著『フロレンス・ナイチンゲールの生涯』[1] によれば「ナイチンゲール家は、ポルタ・ロマーナ近くのコロンバイア荘という家具付き別荘を借りて住み、そこで1820年5月12日、次女が生まれたのであった。母ファニイはこの子にも出

---

*1 神に召されて新しい使命につくこと。

生地に因んだ名を付けることにし、1820 年 7 月 4 日、この子は別荘の応接間においてフローレンスと命名された」という。イギリスの貴族・資産家であった父ウィリアム・ナイチンゲールと母ファニーは、1818 年（以下 19 世紀については 18 年等と略記し、その数から 20 をひくとナイチンゲールの年齢がわかるようにする）に結婚して以来、ずっとヨーロッパを旅していた。19 年にはナポリでナイチンゲールの姉となる長女（ナポリのギリシャ名のパーシノープ、略称パース）を生み、20 年にナイチンゲールを生んだ。なおフローレンスは略して「フロー」との愛称で呼ばれた[*2]。

●ヴィクトリア朝

　さて、ナイチンゲール（1820 年〜1910 年）の生涯はヴィクトリア女王（1819 年〜1901 年）と重なり、ヴィクトリア朝（即位 1837 年〜1901 年）の時代であった。ヴィクトリア朝イギリスは、産業革命をいち早く遂げた国として、40 年頃には「世界の工場」と言われるようになり、51 年にはロンドン万国博覧会を開催する。自由党と保守党による政党政治、選挙法改正により男性の中での選挙権も拡大した。様々な文化や学問がはぐくまれ、ナイチンゲールの他、文学者チャールズ・ディケンズ、『女性の解放』の著書がある政治哲学者ジョン・スチュアート・ミル、進化論のチャールズ・ダーウィン、社会主義者のロバート・オーウェン、（亡命中の）カール・マルクスやフリードリヒ・エンゲルスなどもいた。末期には夏目漱石やチャールズ・チャップリンもいた。文化が円熟する一方、移民の増加、貧富の格差と都市の不衛生、感染症など多くの矛盾も抱えていた。人々は繁栄と不安、安定を求める気持ちと変革を求める気持ちが混在する中にいた。のちにナイチンゲールは、そのイギリス国民たちに強烈な影響を与えることになる。

●人を「支配」し、動物とは遊ぶ

　看護につながる精神を示す逸話として、子ども時代のナイチンゲールが、けがをした牧羊犬キャップの世話をした話は有名である。しかし、宮本百合子はこの逸話を以下のように解釈していて興味深い。「小さい犬を可哀そうがる心は、子供にとって普通といえる自然の感情だけれども、その感情を徹底的に表現して、犬の脚に副木をつけるまでやらなければ承知できなかったフロレンスの実際的で、行動的な性質こそ、彼女の生涯を左右した一つの大特色であったと思う。そして又、その小さい少女の彼女が、牧師を終りまで手つだわせねばおかなかった独特の人を支配してゆく力、それもやはりこの婦人の生涯をつらぬいた特徴ある一つの天稟であった」[2]

　後述するように、世の中が「ナイチンゲール＝白衣の天使・献身・奉仕の女性」というイメージにある 1940 年、ナイチンゲールの実像の一端を描いた宮本百合子は慧眼であっ

────────────
　　*2 本冊子の定価を 260 円にしたのは「フロー」にちなんでいる。

た[*3]。「人を支配していく能力」というと少し言葉が悪いが、「人を惹きつけて彼女と一緒に働かせてしまう能力」と考えれば、後述のシドニー・ハーバートなどの例を考えれば納得できる。一方で、ナイチンゲールは終生動物好きだった。10〜20代の海外旅行では動物たち（カメレオン・亀・蝉など）を手にいれ飼った。とりわけ、アテネという梟（フクロウ）を愛し、クリミア出発直前に死んだことを知り悲しがった。執筆に明け暮れる40代以降にも猫と遊んでいる。前述のスミスは「女史（ナイチンゲール）は『首のまわりに猫をからませながら仕事をしていた』。6匹もの猫が部屋の中を我もの顔に闊歩し、書類に『見苦しい汚染』をつけて歩いた。手紙や草稿の多くには、いまだに猫の足跡が残っており、書き損じの紙切れには、『猫さんや、お前もう啼けないのかい。それとも啼くのはやめたのかい。お前の声は美しかったのに。さあもう一度、調子を上げて啼いてごらん』などと書かれている」[1] としている。ナイチンゲールは、人は「支配」して（惹きつけて）、動物とは遊んだのかもしれない。

●貴族の生活への違和感

　ナイチンゲール家はイギリス南岸（ロンドンより南）のエンブリー邸に住み、夏はリハースト荘（ロンドンより北）に避暑で過ごし、春と秋は社交のためにロンドンに宿泊するということを毎年繰り返す生活をしていた。家族から自立できなかった20代まではナイチンゲールもこれを繰り返していた。

　母ファニーは、2人の娘たちを「社交界に出て紳士と結婚をさせる」ために、しつけをする典型的な貴族の女性であった。他の多くの貴族の家と同様、ナイチンゲール家には多数の友人・親戚が集まり、お互いの細かいことまで相談の手紙が飛び交っていた。ナイチンゲールはそれらがいやで次のように書いている。「くだらない事柄に時間を無駄に使うのでなく、私は何かきちんとした職業とか、価値のある仕事がしたくてたまらなかった」[1]

　父ウィリアムは学者肌の教養人で、32年より語学・哲学・歴史などを2人の娘に教えた。しかし姉パースは勉強が嫌いで母のところに逃げてしまい、父はナイチンゲールのみの家庭教師となった。そんな中、35年、父ウィリアムが国会議員に立候補する。母ファニーも夫の成功、つまり当選をのぞんでいたが落選した。以降、ウィリアムは更に政治から距離を置き、ますますナイチンゲールへの教育を強めた。ウィリアムは、自らは政治家になれなかったが、もっとも偉大な政治家＝ナイチンゲールを育てたともいえる。

[*3] ただ、この本には宮本独自の解釈も含まれている。社会主義者である宮本は、この本の結論に近い部分で、「悪の起源」について、ナイチンゲールがそれを人間に克服させようとする「神の意思である」と考えるのに対し「資本主義制度」であると述べている。

●召命1

　37年2月7日、ナイチンゲールは「われに仕えよ」という召命を聞く。しかし具体的に何かは示されなかった。ナイチンゲールはその召命を心にとめながら生活を続けることになる。

●数学（統計学）との出会い

　37年9月から39年4月までナイチンゲール家はヨーロッパ歴訪の旅に出る。帰国後、ナイチンゲールは数学の勉強に目覚めた。旅行先で見た統計資料と、近代統計学の始祖ケトレの理論に魅せられたのがきっかけと言われている。家事を怠らないように、早朝に起きて勉強をしていた。しかし「社交界に出て紳士と結婚をする」ことに価値を置く母は数学の勉強に反対し続けた。それでもようやく40年4月から5月のみ、週2回数学の家庭教師の授業を受けることができた。その後も母から隠れて寝室で数学の勉強をつづけた。ケトレの数学（統計学）への崇敬から始まるナイチンゲールの数学（統計学）は、やがて、衛生改革を成し遂げる力となる。10代からの想いと勉強が、30〜40代を切り開いたことになる。なお、ケトレは「平均」の考え方を強調し、統計を分析して得られる「平均人」を人間に対する考察の基本に置くことを提唱している。一方、ナイチンゲールはのちに『看護覚え書』[3]で平均に関して以下のような記述をしている。

　「正確な判断をはばむ思考の習癖が二つあって、どちらもひとを誤った結論に導く。すなわち
　（1）状態や状況についての観察不足、
　（2）何でも平均値をとって良しとする根づよい習癖、
この二つである」

　ナイチンゲールの考えは、実践を経て、「平均」だけに依存しない視点に発展していった。10代のナイチンゲールは、「召命」を聞き、数学という価値に出会うことになるが、まだ、貴族の女性としての役割の「束縛」の中にいた。

第2章（20代）〜あきらめない〜

●最初の看護体験

　42年は、イギリス全体が凶作と不況の中にあった。母ファニーは、避暑地リハースト滞在中の夏、娘たちの社会勉強として隣り村（ハロウェイ村）の農民小屋に、スープと銀貨をもたせ「慈善訪問」させた。ナイチンゲールは手記に書いている。「私の心は人びととの苦しみを想うと真っ暗になり、それが四六時中、前から後から、私に付き纏って離れな

い。（中略）詩人たちが謳い上げるこの世の栄光も、私にはすべて偽りとしか思えない。眼に映る人びとは皆、不安や貧困や病気に蝕まれている」[1]

ナイチンゲールはようやく37年2月7日の召命「神に仕えよ」の意味を知ることとなる。

翌43年、再び避暑地リハースト荘に行くと、7月から9月の間、ずっと「農民小屋」に通うようになる。44年には病院に勤めることが天職と感じ、ひそかにアメリカの博愛主義者ハウ博士に相談する。

ハウは答える。

「もしそのような生き方に天職を感じるのであれば、その心の閃きに従って行動しなさい。他者の幸福のために自分の義務を遂行するかぎり、けっして不相応だとか、淑女らしくないとかいうことはないと判ってくるでしょう」[1]

●家族の反対

しかし、看護への想いは母に対してはなかなか言えず、機会を伺い続けていた。自宅エンブリー邸のそばにある、ソールズベリーの病院長であったファウラー氏がエンブリー邸を訪れたとき、その病院での3か月の看護の勉強の許しを母に請うた[4]。母と姉は猛反対した。

当時看護の仕事というのは、ディケンズが小説の中で記した「ギャンプ婆さん」のイメージであった。看護師は不衛生で下品で酒ばかりのみ、破廉恥で、貴族がする仕事としてみなされていなかった。母はナイチンゲールに「看護」という言葉を発することまでを禁じ、膨大な家事を押し付けた。父は「看護などという愚かなことは」と言った。45年の末、ナイチンゲールは手記に残している。「もう私は生きていけません。主よ、どうかお赦しください。そしてどうか今日私に死を与えてください」[1]

しかし、ナイチンゲールはあきらめなかった。夜明け前に起床し、ろうそくの下で、政府白書や病院関係の報告書に目を通し、ノートに事実関係を書き、比較分析した。そして朝食時間になると家事に戻った。46年になると、この「朝の秘密の学習」の中で、ドイツの「カイゼルスヴェルト学園*4」の年報を読み、いつかはここで学びたいと思うようになる。母の猛反対から1年半、本心は言わず、このような「二重生活」を続けた。この生活の中で手記にこう書いた。「諦めなどという言葉は私の辞書にはない」（47年）[1]

●あきらめない

変化が現れる。友人が母を説得し、ようやくヨーロッパ旅行に同行できることになる。そして旅行先のローマで、新婚旅行中のシドニー・ハーバートと妻リズに出会う。ハー

---

*4 牧師フリードナーが女性のための更生施設からはじめ幼児学校・病院・教師、看護師養成訓練施設までを作るようになっていた。

バートこそ、のちのイギリス政府戦時大臣となり、ナイチンゲールをクリミアに派遣する人である。

48 年 9 月にシドニー・ハーバートの協力を得ながら姉パースの温泉保養の期に「カイゼルスヴェルト学園」に短期滞在をするという計画を立てる。しかし、政治情勢の混乱で断念せざるを得なくなる。

そんな折、49 年、ナイチンゲールも心を惹かれていたミルンズに求婚される。しかし彼女はそれを断った。手記には「私には知性の満足を求めるところがあるが、彼ならそれを充たしてくれるであろう。また情熱の満足を求める性質もあるが、それも彼は充たしてくれるであろう。また道徳を求め行動を求める性質があるけれども、彼の生活にそれを求めることはできない」[1] とある。母と姉はナイチンゲールをなじり、同じ生活が続く。50 年 5 月 12 日の手記にナイチンゲールはこう書く。「今日で私は 30 歳。キリストが伝道を始められた年だ。もう子供っぽいことはたくさん。恋も結婚ももう結構。主よ、どうぞ御心のみを、私への御旨のみを考えさせたまえ。主よ御心を、御心を」[1]

第 3 章（30 代）～執念～

●カイゼルスヴェルト学園

ようやく、旅行の途中、50 年 7 月 31 日から 2 週間だけ、4 年間夢描いていた「カイゼルスヴェルト学園」への滞在が実現する。学園から帰宅すると母は激怒し、姉は精神的に病み、51 年春まで姉の世話に専念することになる。しかし、ナイチンゲールの決意は固まった。51 年 6 月 8 日の手記にこう記されている。「もはや家族の共感や援助を期待してはならない。あまりにも長い間、彼らの共感を切望してきたため、私はほとんどそれを諦められなくなっていたのだ。（中略）だからもう、理解を求める努力さえ放棄すべきなのだ。（中略）何かを、自分の手で摑みとらなければならぬ。それは与えられるものではない」[1]

このころには、ナイチンゲールの看護学習への想いをシドニー・ハーバートらも推し、母も黙認せざるを得なくなった。ようやく 51 年 7 月から 9 月、「カイゼルスヴェルト学園」での 3 か月の訓練に参加する。しかし帰宅後はまた 2 年、家事をしながら、看護勤務計画を立てては実現できない状況が続く。

●召命 2

52 年 5 月 7 日に、2 番目の召命「救い主たれ」を聞く。

●淑女病院の看護監督

　ついに、53年8月、シドニー・ハーバート夫妻の推薦で「淑女病院」の看護監督になり、家を離れロンドンで自立生活を始める。ここで、「食事の配膳用エレベーター」「患者のベッドから呼び出せるナースコール」の原型を発案した。現在も世界の病院で使われているこのシステムは、このときのナイチンゲールの発案である。他にも病院の物品発注システムの整理、配管による部屋暖房など、監督者としての能力をいかんなく発揮した。

●クリミア戦争（スクタリ野戦病院）派遣

　そのころ、ヨーロッパでもアジアでも不凍港（海軍の通年活動に必要な冬でも凍らない港）の獲得を目指して南下政策をとるロシアとの紛争が増えてきた。ロシアはトルコ（オスマン帝国）国内の正教徒保護を理由に、53年、オスマン帝国に侵入した。54年、イギリス・フランスはロシアに対抗してオスマン帝国側につき参戦し、黒海北岸のクリミア半島を巡って攻防戦となる。「クリミア戦争」である。当初、イギリスは敗北を喫し、クリミアでの傷病兵は黒海を南下し、クリミアでの傷病兵は黒海から地中海へ向けて運ばれる途中、イスタンブールの東側（アジア側）のスクタリ野戦病院に収容された。

　戦場や野戦病院の惨状をタイムズの記者が報道で伝え、対処を求める世論が高まったとき、戦時大臣にシドニー・ハーバートが任命されていた。シドニー・ハーバートは看護師団長がナイチンゲールしかないと考える。一方でナイチンゲールも派遣を願う手紙を書く。2人の手紙はほぼ同時に書かれ、ちょうど行き違いで相手に届くことになる。

　54年10月21日、ナイチンゲールを団長とする46人（看護師38名）がイギリスを出発し、11月5日にスクタリ野戦病院に着く。看護師のうち14人は病院勤務の経験があり、残り24名は宗派所属（10人がカトリック、8人がイギリス国教会、6人がヨハネの家）であった。宗派は関係なくナイチンゲールの指示に従うことが看護団参加の条件だったとはいえ、実際には宗派間の調整や感覚の違いにもナイチンゲールは腐心することとなる。

　スクタリ到着後、その病院の衛生状態が最悪だったことに加え、その原因とも言える陸軍省の規則との対決が始まる。軍側はナイチンゲール看護団の到着を歓迎せず、最初は何も仕事をさせようとしなかった。それぞれの部署に軍からの権限付与や指示書があり、ナイチンゲール看護団にはそれがなかったからである。しかし、看護団は、誰の権限でもなかった「トイレ掃除」の役割を認めさせ、看護資材の準備も進めていた。傷病兵が増える中でついに12月には軍も看護団の協力を求めざるを得なくなった。物資の発注や使用にも、軍では命令や指示書がいると言われたが、ナイチンゲールは私財を使って市場から買い集めた。

　収容する傷病兵は増え続ける一方であった。55年1月時点で、スクタリ野戦含む野戦病院収容の兵士は1万2000名で、戦場に残る兵士1万1000名より多くなった。この1

月にスクタリ病院の感染症などでの死者数は最大になっていた。

　55 年 3 月、野戦病院の状況を調査するために、イギリスから二つの視察団が来る。サザランドらの衛生委員会と、ジョン・マクニール、アレクサンダー・タロックらの物資補給調査委員会である。衛生委員会は、ナイチンゲールが進めていた改善を更に進めた。下水溝を消毒し、流れをよくし、壁を石灰で洗い、鼠の巣であった棚板をはがした。死亡率は低下しはじめた。

　55 年 5 月と 10 月、ナイチンゲールは前線のクリミア半島の病院を視察し、そこに対しても指示を出そうと考えた。しかし、クリミア軍医長ジョン・ホールは拒否した。55 年 11 月には、スクタリ野戦病院で、夜に見回りをするナイチンゲールの姿が新聞報道され、「ランプをもった貴婦人」として有名になり、シドニー・ハーバートが呼び掛けたナイチンゲール基金に多くの支援金が集まった。

　クリミア戦争は 56 年 3 月に終了した。その年の 7 月、スクタリ野戦病院の最後の患者が去り、ナイチンゲールは帰国することになる。帰国直前のナイチンゲールの手記にこう書かれている。「可哀そうな兵士たち。あなた方をクリミアの墓に残して帰っていくなんて、私は悪い母親です。—六カ月の間に病気が原因で八つの連隊の 73 ％もが死んで行った。今誰がそれを想うであろうか?」[1]

　ナイチンゲールは「私は地獄をみた」「私はけっして忘れない」と何回も書いている。ナイチンゲールは帰国後、クリミア戦争における、とくに野戦病院の衛生環境により防ぎえたはずの死を、軍の責任の問題にし、陸軍病院全体の改革を目指すことを決意していた。

　イギリスでは、英雄であるナイチンゲールの帰国を歓迎しようと待ち構えていたが、彼女は全てを断り、偽名でひそかに帰国した。

●小陸軍省

　戦争中、ナイチンゲールが帰国する前の 56 年 1 月に、マクニール、タロックらの物資補給調査委員会が議会に報告書を提出した。55 年 3 月にクリミアに派遣された二つの調査団（サザランドらの衛生委員会、マクニール、タロックらの物資補給調査委員会）のうちの一つである。この報告書は物資補給不足を招いた陸軍将校たちの失策を批判したが、軍の審問委員会は、ナイチンゲールがクリミアで対決したジョン・ホールを含む陸軍将校たちは無罪とし、この問題は過去の問題にされようとした。

　帰国後のナイチンゲールは、シドニー・ハーバートの助力もあり、56 年 9 月にヴィクトリア女王、パンミュア陸軍大臣と面談できることになった。そこで軍の改革への想いを告げ、11 月にパンミュア陸軍大臣との話し合いで、陸軍保健改革のための王立委員会の設置、シドニー・ハーバートを委員長にすること、また基本的人選まで合意した。委員会の調査は「陸軍医政局全体および海外駐在の、全陸軍兵士の医療保険問題全般を含む、総体的かつ総合的」調査とされ、クリミア戦争にとどまらず全軍に影響を与える調査とすることとなった。また王立委員会に向けた極秘報告書の作成を依頼された。

　しかし、その後、57 年 1 月になっても委員会が設置されないことに怒りを感じ、報告書

を出版して曝露することをほのめかしたり、シドニー・ハーバートからも、パンミュア陸軍大臣に設置を強く迫るように依頼したりした。それでも陸軍大臣が動かないのを見て、シドニー・ハーバートに3月の議会でマクニール、タロックらの物資補給調査委員会の件を再び表に出すことを依頼した。そのような「圧力」のなかでようやく、パンミュア陸軍大臣は4月に王立委員会設置を決め、ナイチンゲールに、女王に提出する前の辞令の草案について報告、相談に来る。こうして、5月から7月に公立委員会が開催されることになる。ナイチンゲールが住んだロンドンのバーリントンホテルは（皮肉も込めて）「小陸軍省」と呼ばれた。

●統計分析・表現の9か月（56年11月〜57年7月）

56年11月から、統計学者ウィリアム・ファーと協力して、スクタリ病院の死因分析に入る [6]。そして57年5月から7月の「軍の健康を調査する王立委員会」への資料提出・証言を経て、57年7月にナイチンゲール極秘報告書「陸軍の健康、能率および病院管理に影響をおよぼしている諸事項についての覚え書」をまとめ上げる。11月からここまでの9か月が、ナイチンゲールの統計分析とその表現力が発揮され、イギリス、そして世界の衛生環境、そして統計の図的理解の基礎が形づくられた9か月であった。150年後に生きる私たちも、この9か月の影響と恩恵の下に生きているといっても過言ではない。

この9か月の経過に力点を置いて、ヒュー・スモールが1999年に『Florence Nightingale: Avenging Angel』（日本語版『ナイチンゲール〜神話と真実〜』[5]）を書いている。この本は、スミス『フロレンス・ナイチンゲールの生涯』[1] など通史伝記を読みこんだ上で、多彩な資料を総点検し、新しい見解を述べている。特に、57年3月から5月にナイチンゲールは自分が書いた文章を注意深く廃棄している。スモールはその意味を問う。また、訳者、田中京子氏は次のように書いている。「本書は *Hugh Small, Florence Nightingale - Avenging Angel,* 1999 の全訳である。人は過ちを犯したとき、どうするだろうか。この物語は、過ちを犯したひとりの若い女性と、彼女がその後どのように責任をとったかを語ったものだ」

これらの謎解きはぜひ本書をお読みいただきたい。

●統計資料の視覚化

さて、このときにナイチンゲールが、統計分析の表現で用いた手法は、統計資料の視覚化である。「私はみんなに理解してほしいのです。統計学の不可解さの陰に隠れることのないようにしたいのです。この図をキリストの十字架の絵のようにはっきり示さなければなりません」（イギリスBBC作成『Nightingale〜The Passionate Statistitian』〈『ナイ

チンゲール〜情熱的な統計学者〜』〉[*5]の中での発言)

　本冊子の表紙にも使用した、一番有名な鶏頭図[*6]で説明してみよう。スクタリ野戦病院での 12 か月ごとの各死亡率を円を 12 等分した中心角 30°の扇形の半径で示す。各月の扇形の中では、中心に近い場所から順に負傷・その他・発酵病（感染症など）と色分けして配置した（月によって順序が前後してものもある）。すると、月ごとに死亡率の変化と野戦病院の衛生が改善されていれば防げたはずの死者が多いことが視覚的に表現され、数字だけの表よりも説得力を増すのである。

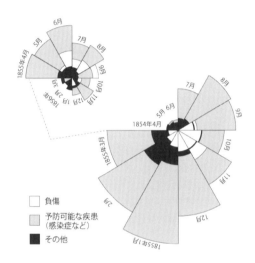

　現在の栄養分析・各科目得点分析・体力テスト種目別分析などで活用されているレーダーチャート（クモの巣グラフ）の起源は、このナイチンゲールの図にある。

　20 代のナイチンゲールが母に猛反対され続けても学び続けてきた「数学」、思い続けてきた「看護」。しかし、「あきらめなかった」その想いがこの 9 か月に凝縮された。57 年 7 月の極秘報告書提出後、ナイチンゲールは病床に伏し、8 月に温泉で静養する。

●「報告書そのものに行政権はない」

　ナイチンゲールは 57 年 7 月の報告書草稿に何度も上記の言葉を書き込んでいる。実質的に軍を動かして改革させるまで行わなければならない。そのため、シドニー・ハーバートに働きかけ、彼を責任者として、政府のもとに、軍の保健に関する四つの小委員会を立ち上げさせる。

　[*5] この作品の中でナイチンゲールと議論をかわすベンジャミン・ジョウェットは、ナイチンゲールの後半生のよき理解者となる。
　[*6] 鶏のとさかのように見えるのでそう命名された。

その中の一つは国中の軍兵舎の視察を行い、必要とされる場所については、公的資金を投入して改善命令を出せるものだった。シドニー・ハーバートは丹念に視察を続けた。

　陸軍省に関しては、クリミア戦争の責任追及はなされず、体質・制度全体の改善は簡単でなかったものの、兵舎の衛生改革は進み、のちに独立の「衛生委員会」が衛生状態をチェックする体制となった。ナイチンゲールは報告書での提言を、実際の行政権の行使まで高めさせた。

●『病院覚え書』

　ナイチンゲールは次に、陸軍省の兵舎だけでなく、一般病院の改革と市民の意識改革を進めようとした。59 年 1 月に『病院覚え書』（第 2 版は 63 年）、12 月に『看護覚え書』を発行した。まずは『病院覚え書』を紹介したい。

　『病院覚え書』の冒頭は次のように始まる。「病院がそなえているべき第一の必要条件は、病院は病人に害を与えないことである、とここに明言すると、それは奇妙な原則であると思われるかもしれない。ところがこの原則はぜひとも最初に打ち出しておかねばならない」[8]

　ナイチンゲールが野戦病院だけでなく一般の病院の衛生改革を目指していたことがよくわかる。当時の病院構造の欠陥として「ひとつ屋根のもとに多数の病人が密集していること」「ベッドひとつ当たりの空間の不足」「換気の不足」「光線の不足」などが指摘されている。スクタリ野戦病院の密集や、一つのベッドに複数の患者を寝かせてきた病院の例を「避けるべき例」として紹介し、また建物の中央部分に建物に取り囲まれる中庭を設置していた当時の多くの病院建物の配置を批判した。そして、病院の建物を各パビリオンとして独立させ管理部門以外は完全に各建物で独立させること、各パビリオン間の距離は高さの少なくとも 2 倍はとり、換気・採光ができるようにと主張した。

　採光については、（当時病院には窓が少なかったが）各ベッドの頭の部分では自然光で本が読める程度の採光ができる窓が必要と指摘する。そうした指摘は各構造の細部にいたる。病室の壁と天井に当時よく使われていた「しっくい」についても以下のように指摘する。

　「しっくいがなぜよくないかというと、これには気孔が多数あり、病人の発散物をそこから吸い込んでしまうのである。しっくい壁が出来上がったばかりだとすると、病室じゅうの空気をしっくいが掃除してしまうようなかたちとなる。が、やがてその壁は不潔物の飽和状態に達する。（中略）しっくい壁を掃除しないで放置すると、その病室の空気は汚染度を増し、病院病が発生すること必定である」[8]

　スクタリ野戦病院で、下水からの逆流空気やベッドの下の汚物入れの空気が部屋を汚してきたのを見てきた経験から、排水管については決して病院の建物の下を通らずに作ることを強調する。そして外科的、内科的処理が終わった後、その病院とは別に郊外に回復期病院を設置すべきと提案し、そこは小住宅のようなものにするのが理想と述べる。

　子ども病院にも言及し、辛い処置を子どもがみないようにすること、遊び場や勉強部屋

11

の必要性を訴える。そして子どもから目を離して事故になることがないように看護の配置をしっかりすることを主張する。全編にわたって具体的な病院の図面が描かれ、比較検討されている。この『病院覚え書』の視点はその後の病院建築に大きく影響を与えた。

●『看護覚え書』

59年12月に最初に発行された『看護覚え書』は、その後もたびたび改訂や補章の加筆が行われた。そして、現代にいたるまで世界中で読まれ続けている。『病院覚え書』は、そこで指摘した改善点はその後の病院建築に取り入れられ、達成されたのに対し、『看護覚え書』に書かれていることは、今の看護においても心に留め置くべき普遍的な記述が数多く含まれているからであろう。

『看護覚え書』は、「はじめに」「序章」から始まり、以降「換気と保温」「住居の健康」「小管理」「物音」「変化」「食事」「食物の選択」「ベッドと寝具類」「陽光」「部屋と壁の清潔」「からだの清潔」「おせっかいな励ましと忠告」「病人の観察」「おわりに」の14章からなっている。その健康観の基本が序章の冒頭に書かれている。

「まずはじめに、病気とは何かについての見方をはっきりさせよう。―すべての病気は、その経過のどの時期をとっても、程度の差こそあれ、その性質は回復過程 (reparative process) であって、必ずしも苦痛をともなうものではない。つまり病気とは、毒されたり (poisoning) 衰えたり (decay) する過程を癒そうとする自然の努力の現われであり、それは何週間も何カ月も、ときには何年も以前から気づかれずに始まっていて、このように進んできた以前からの過程の、そのときどきの結果として現われたのが病気という現象なのである」[3]

ナイチンゲールの健康観の基本は「回復過程」（自己治癒力）への信頼と、そのために患者をよい状態におくことの強調である。

看護に関する二つの記述を紹介したい。

「皮膚をていねいに洗ってもらい、すっかり拭ってもらったあとの病人が、解放感と安らぎとに満たされている様子は、病床ではよく見かける日常の光景である。しかし、そのとき病人にもたらされたものは、たんなる解放感や安らぎだけではない、ということを忘れてはならない。事実、その解放感や安らぎは、生命力を圧迫していた何ものかが取り除かれて、生命力が解き放たれた、まさにその徴候のひとつなのである」[3]（第11章「からだの清潔」）

「看護については『神秘』などはまったく存在しない。良い看護というものは、あらゆる病気に共通するこまごましたこと、および一人ひとりの病人に固有のこまごましたことを観察すること、ただこれだけで成り立っているのである」[3]（第13章「病人の観察」）

また、第3章「小管理」では、「あなたがそこにいるとき自分がすることを、あなたが

そこにいないときにも行われるように対処する方法」の必要性が書かれ、看護師が不在のときの事故の原因は「不在」にしたことではなく「管理」の問題であると指摘している。第5章「変化」では、「病人に生命のない壁面を凝視させておくことの残酷さ」が訴えられ、窓から見える景色や病室の花による「変化」の大切さが訴えられる。これらは看護以外の世界でも学ぶべき視点ではないだろうか。

さて、『看護覚え書』の「はじめに」は以下の文章から始まる。

> 「この覚え書は、看護の考え方の法則を述べて看護師が自分で看護を学べるようにしようとしたものではけっしてないし、ましてや看護師に看護することを教えるための手引書（マニュアル）でもない。これは他人（ひと）の健康について直接責任を負（お）っている女性たちに、考え方のヒントを与えたいという、ただそれだけの目的で書かれたものである」[3]

現在、日本、あるいは世界で看護師を目指して受験をクリアし、看護学部に入学した学生が、「病院勤務の看護師の始祖」とのイメージで、『看護覚え書』を読み始めると、この冒頭の記述に驚くだろう。たしかにナイチンゲールは、当時、「カイゼルスヴェルト学園」で看護実習を受け、「淑女病院」看護監督とクリミア戦争を経て、看護の仕事を確立し、ディケンズ「ギャンプ婆さん」に象徴する下品な看護師のイメージを変えた。そして後半生は看護師要請に力を入れることになる。

にもかかわらず、『看護覚え書』では一般女性にも向けて書いたと最初に宣言している。これはその後の在宅看護（在宅医療）の夢につながっているナイチンゲールの姿勢である。それでも、実際には、一般女性向けの文章と看護師向けの文章が混在している。ナイチンゲールは一般女性と看護師の両方に訴えかけたかったのだ。

●シドニー・ハーバートの死

30代後半から40代最初まで続く彼女の「執念」は、シドニー・ハーバートの体を追い詰めた。彼は四つの小委員会の委員長を務めていた58年頃より、病をわずらっており衰弱していたが、ナイチンゲールの想いをうけとめ改革を進めていた。59年6月に、改革に積極的とはいえなかったパンミュアと交代して陸軍大臣になると、ナイチンゲールの期待も高まり、陸軍省に残る改革反対派を打ち負かし完全な機構改革を進めることを要求した。彼の妻リズもナイチンゲールに同調し、夫がナイチンゲールとともに働くことを促した。ハーバートは時々、鮭釣りにいって気分転換しては少し体調がよくなったと思うのがせいぜいだった。彼はリズに「こうして陸軍省と下院の仕事を掛け持ちで続けていく毎日は、寿命を1日ずつ縮めていくようなものだ」とこぼしている。

60年12月には、体調不良で陸軍大臣こそ退くが上院議員となり陸軍省との関わりは続けた。61年1月陸軍省の機構改革計画案が着手され、彼は改革派の代表として保守派のホウズとの対決を迫られた。ナイチンゲールはホウズに対して敵対心と危機感をもって彼に戦いを促した。病を訴えても休むことを許さなかった。しかし、ついに、61年6月、彼

は体調不良で戦列から離脱することをナイチンゲールに表明した。それに対してナイチンゲールは以下のように手紙で言う。

「あなたはこの先まだ何年も働けると私は信じています。（中略）陸軍省の機構改革に関しては、これがあなたへの最後の手紙になると思います。（中略）ホウズが勝ったのです。不謹慎とお思いでしょうが、敢えて言います。『悪魔に軍配が上がった』のです」

61 年 8 月 2 日、シドニー・ハーバートは妻リズに看取られながら死ぬ。死の床で最後にこうつぶやく。「可哀そうなフロレンス……可哀そうなフロレンス、2 人の仕事はまだ終わっていないのに」[1]

シドニー・ハーバートの死によって一旦中断したとはいえ、このとき引いたレールの流れもあり、その後の 20 年徐々に衛生改革は進む。「悪い母親」の「執念」はシドニー・ハーバート、あるいは何人かの協力者を急がせ、「支配し」（魅惑し）、衛生改革を断行させたのだった。

第 4 章 医学研究重視 vs 衛生改革

●ロンドンの衛生状況

今では衛生に気を配るのは常識となっている。とくに新型コロナウイルス問題浮上後は「手洗い」「換気」「密集を避ける」など、ナイチンゲールが改革した点が再び強調されている。しかし、当時のイギリス、および世界にとって「衛生」は当たり前ではなかった。「世界の工場」たるイギリス、とりわけ首都ロンドンに移民も含めた人口が集中した。そして昔ながらの広い邸宅に住んでいる貴族がいる一方、貧民街が多く存在した。

エンゲルスは「家には地下室や屋根裏まで人が住み、家の内も外も汚く、こんなところに人が住んでいるとは思えないほどである。しかし、これらのものはみな、道路と道路のあいだの狭い路地や囲い地にある家にくらべると、問題にならない。家と家のあいだにあるかくれた通路をとおってそこにはいると、その汚さと荒れはてた状態は想像を絶する―完全な窓ガラスはほとんど 1 枚もなく、壁はくずれ、入口の柱や窓枠はこわれてがたがたになり、ドアは古板をよせあつめてうちつけてあるか、あるいはまったくついてない―この泥棒街では盗むものはなにもないのだから、ドアは不必要なのである。ゴミや灰の山がいたるところにちらばっており、ドアの前にぶちまけられた汚水があつまって、水たまりとなり悪臭を発している」と書いている [7]。また、イギリスは 31 年と 48 年に 2 度のコレラ流行も経験していた*7。中世ヨーロッパにおいて、農村の封建制度から都市に逃れた人が、その喜びを示すスローガンは「都市の空気は自由にする」だったが、19 世紀イギリスでは「都市の空気は病気にする」だったのである。

---

*7 ジョン・スノウはコレラの原因が井戸水にあることを解明し、感染拡大を防いだ。

●医学研究重視 vs 衛生改革

　都市の疾病の原因とその解決方向について二つの対立する意見があった。一つはジョン・サイモン医師らの医学研究重視派である。83 年にコッホがコレラ菌を発見し、疾病の原因に細菌をはじめとする病原微生物の存在が明らかにされる。その前ではあったが、疾病には何らかの原因があり、それを医学的に研究して克服していこうという意見である。もう一つは、エドウィン・チャドウィックらの衛生改革派である。都市のよどんだ空気（瘴気）が疾病の原因であり、下水道整備など都市の衛生環境を整備すべきだという意見であった。両者は現在ならば、統一的に把握できる。都市の不衛生な場所や排泄物には細菌など病原微生物が多く存在し、それが免疫機能が弱まった人の体内に侵入し疾病にいたるということである。しかし当時はこの両者は激しく対立していた。

　32 年、救貧委員会書記のチャドウィックは「大ブリテン労働者階級（労働者人口）の衛生状態についての調査」を上院・下院に提出した。それ以降、チャドウィックは優勢となり、48 年の公衆衛生法で、強い指導権限を持つ「衛生委員会」を発足させ、委員となる。しかし、法律で強制的に下水道を整備しようとする手法に対する反発から、54 年に「衛生委員会」は解散とされ、チャドウィックは失脚する。ただ、失脚の直前で、スクタリに派遣した政府の衛生委員会に彼の影響下にあったサザランド医師を送り込むことができた。ナイチンゲールは、サザランドやチャドウィックと交流を持ち、その考え方と同じであった。一方、ジョン・サイモン医師らは、「病気は原因が解明されてはじめて予防できる」と考え、都市の衛生改革ではなく医学研究の重要性を訴えた。「衛生を改善しても死亡率を下げることはできない」という意見を支持した[8]。

　両者の対立は、ロンドン市内の聖トーマス病院の移転場所をめぐっても争われた。衛生環境のいい郊外に建て替えることを主張するナイチンゲールらに対し、サイモンは市内在住の自らも含む医師が通いやすい市内での建設を主張した。結果的にはサイモンらが勝って市内に建て替えられた。

　人気をなくしたチャドウィックに代わってナイチンゲールが衛生改革派のリーダーとなり、チャドウィックもそれを喜んだ。60 年代はサイモンの力はずっと強く両者は対立し続けた。

　71 年、チャドウィックの知り合いであったスタンスフェルド長官の下の地方行政院で地方自治体に衛生などの権限が委譲された。ナイチンゲールは、現在建っている家の給排水設備の改善を義務とすることを求めた。75 年の公衆衛生法改正とその後の労働者住居法によって、不衛生物件を自治体に強制的に買わせることが可能となった。

　こうして、チャドウィックが 50 年代に提案挫折した都市衛生改革が、70 年代にナイチンゲールの影響下で実現していくこととなる。

---

[8] ジョン・サイモンも衛生改革を完全否定していたわけではなく実際に実践もしていた。両者の違いは強調の力点の差であった。

●細菌説・接触感染説への否定

　論争の過程では、ナイチンゲールは、のちの医学研究で事実として認められていく細菌説（細菌によって引き起こされる疾病がある）・接触感染説（病原微生物が接触によって感染を広げていくことがある）を否定し続ける。晩年には一部は認めたという解釈もあるが、代表的著書である『病院覚え書』では徹底的に批判している。ナイチンゲールにとっては、細菌説・接触感染説は「瘴気説」を否定し、衛生改革に反対する「敵」であり続けたのであろう。

● 20 世紀の流れ

　いまは統一されつつあるとはいえ、医学研究重視か衛生改革重視かという議論は、その後の世界の医療史に底流として続いている。19 世紀終わりから 20 世紀にかけて、コッホや北里柴三郎が細菌説を確立し、のちの免疫の理解やワクチン接種の促進への道を拓き、環境改善が力点の公衆衛生から個人の予防へ重点を移行させた。1930 年代にインスリンとサルファ剤などが出現すると、予防から治療の時代に入り、病院での治療に重点が移った。それぞれの病気に対して効く薬が開発され、病気を抑え込むことができるのではないかと思われた時期もあった。

　しかし、1970 年代に入ると、大病院と専門家を中心とする医療は経済的に困難になり、かつ専門家は都市に集中し、地域の開業医が不足するなど、医療は制度的に大きな困難に直面する。イギリスのマキューンは、1840 年から 1970 年の間のイギリスでの感染症での死亡率の低下の大部分は、効果的な治療が取り入れられるよりも前に起こったこと、個人の行動や環境の変化が重要なことを、統計的な手法で分析し提言する研究を発表した。

　この研究にも影響され、1974 年にカナダの保健大臣ラロンドが「カナダ人の健康に関する新しい展望」（ラロンド報告）を発表する。この報告は本質的にはチャドウィックやナイチンゲールらの公衆衛生論を復権する要素も含んでいる。続いて WHO（世界保健機構）は 1978 年のアルマ・アタ宣言で、治療よりも病気の一次予防に力点を置くプライマリー・ヘルスケアを提言し、1986 年には都市そのものを健康にしていく施策を各都市（自治体）が持つといった「健康都市プログラム」へとつながっていく。現在、日本の多くの自治体でも健康都市宣言がなされ、プライマリーケアや地域ごとの健康づくりの施策が進められてる。

第5章（40代〜）夢

●後半生

　シドニー・ハーバートの死後、つまり60年代（40代）以降は、直接の陸軍省への働きかけの時間は少なくなり、別の方向に力を向けていく。先に書いた地域看護、衛生改革への持続的働きかけ以外に次のような点がある。一つ目はインドの衛生改革に関わり続け、カルカッタ市の下水道整備など支援する。二つ目は、看護師養成である。クリミア戦争でシドニー・ハーバートが市民に呼び掛けて集めたナイチンゲール基金は、看護師養成のために使うものとされていた。シドニー・ハーバート存命中の1860年7月に、イギリスで初の、宗派にとらわれない「ナイチンゲール看護学校」が設立された。基礎教育1年間、看護助手として2年間、計3年間のカリキュラムであり、世界の看護学校の基本となっていく。ナイチンゲールは後半生の、学生たちの指導に関わり続けた。また三つ目は、救貧院の改革である。病人と子どもを、一緒ではなく別々の施設でそれぞれのケアをすべきという流れを作った。

　ナイチンゲールの活動は様々な方面に影響を与えた。64年、アンリ・デュナンはナイチンゲールの活動に触発され、アンリ・デュナンは、国際赤十字組織を立ち上げた。

●召命3

　65年7月28日、ナイチンゲールは3度目の召命「十字架にかけられよ」を聞く。これは、スクタリ野戦病院での死亡の原因の一般は自らが衛生改革の重要性に気づくのが遅れ、兵士たち（息子たち）の死亡の原因の一端であった罪の意識の表れではないかともいわれている。

●夢

　同時に、ナイチンゲールは未来への夢を語るようになる。「すべての看護の最終目標は、病人を彼ら自身の家で看護することだというのが私の意見です。私はすべての病院と救貧院が廃止されることを期待しています。でも西暦2000年のことについて話したところで何にもなりませんね」（1867年6月5日、従弟ヘンリー・ボナム・カーター宛書簡）

　63年、『病院覚え書』改訂版を出し、病院の構造への細かい配慮を図面で示し、協力者である建築学者ダグラス・ガルトンとともにイギリスのみならず世界の病院建築に影響を与えたナイチンゲールが、同時期に「私信」の中で将来の「病院の廃止」を期待していた。「今の時代は必要で、そこが人々の命を救う現場だからがんばり続けるが、理想の場所ではなく、150年先の未来は廃止してほしい」という感覚は、全ての仕事の再検証に必

要ではないかと思う。ナイチンゲールは 93 年（73 歳）の論文「病人の看護と健康を守る看護」で以下のように述べている。「新しい芸術であり新しい科学でもあるものが、最近 40 年の間に創造されてきた。そしてそれとともに新しい専門職業と呼ばれるもの―われわれは天職 (calling) と呼んでいるのであるが―が生まれてきた。（中略）そしてその芸術とは、病人を看護する芸術である」「将来―私は年老いているのでこの目で見ることはないであろうが―さらに道は開けてくるだろう。（中略）病院というものはあくまでも文明の発達におけるひとつの中間段階にすぎず、実際どんなことがあってもすべての病人を受けいれてよいという性質のものではない。われわれはすべての母親が健康を守る看護婦となり、貧しい病人はすべて自宅に地域看護婦を迎えるその日の来るのを待とう」[8]

　実際、60 年代、すでにナイチンゲールは、ラスボーンと協力し、リバプールにおける訪問看護活動（地区看護: district nursing）を始めており、その経験に裏付けられた論文である。しかし、健康を守る看護の本格的な実施は未来に託し、2000 年の病院の廃止を夢見たのだ。

　93 年（73 歳）、ナイチンゲールはこの「病人の看護と健康を守る看護」を一体的に目指すことを宣言し、未来の私たちに託した。そして 1910 年 8 月 13 日、90 歳の生涯を閉じる。生涯目立つことを嫌い、墓には "F. N. BORN 12 MAY 1820. DIED 13 AUGUST 1910."（F.N. 1820 年 5 月 12 日生、1910 年 8 月 13 日死）とだけ刻まれた。

●「病気とは自然の回復過程」

　ナイチンゲールが、訪問看護への夢も含めて目指した背景とは何か。その健康観の根本が次のように記されている。

> What is sickness? Sickness or disease is Nature's way of getting rid the effect of conditions which have interfered with health. It is Nature's attempt to cure. We have help her. Diseases are, practically speaking, adjectives, not noun substantives. What is health? Health is not only to be well, but to be able to use well every power we have. What is nursing? Both kinds of nursing are to put us in the best possible conditions for Nature to restore or to preserve health—to prevent or to cure disease or injury.
>
> Upon nursing proper, under scientific heads, physicians or surgeons, must from partly, perhaps mainly, whether Nature succeeds or fails in her attempts to cure bay sickness. Nursing proper is therefore to help the patient suffering from disease to live—just as health nursing is to keep or put the condition of the healthy child or human being in such a state as to have no disease.
>
> （病気とは何か？　病気は健康を妨げている条件を除去しようとする自然の働きである。それは癒そうとする自然の試みである。われわれはその自然の試みを援助しなければならない。病気というものは、いわば形容詞であって、実体をもつ名詞ではない。健康とは何か？　健康とは良い状態をさすだけでなく、われわれが持

18

てる力を充分に活用できている状態をさす。看護とは何か？ この二つの看護はいずれも自然が健康を回復させたり健康を維持したりする、つまり自然が病気や傷害を予防したり癒したりするのに最も望ましい条件に生命をおくことである。病気を通して癒そうとする自然の試みが成功するか否かは、部分的にあるいはおそらく大部分、内科医や外科医などの科学的な指導のもとに行なわれる本来の看護の固有の働きいかんにかかっているにちがいない。したがって、本来の看護は病気に苦しむ病人に生きる手助けをすることなのである。これは、健康な人への看護が、健康な子供や人々の体質を病気のない状態に保っておこうとすることと同じである）[8]

のちに WHO は健康 (Health) を次のように定義した。ナイチンゲールの文章の影響が伺われる。"Health is a state of complete physical, mental and social well-being and not merely the absence of disease or infirmity."（健康とは、病気でないとか、弱っていないということではなく、肉体的にも、精神的にも、そして社会的にも、すべてが満たされた状態にあることをいいます[*9]）

この文章にあるように、ナイチンゲールにとって病気とは「自然の回復過程」であり、自然治癒力が働くように、看護が患者をよい状態におくようにすることを重視していた。そして自宅で患者をよい状態におけるように、家族と訪問看護師が働く世界こそが「夢」だったのである。ナイチンゲールの文章では未来への夢と現実の改革への執念が交差する。59 年の『看護覚え書』が最初に家庭の女性のためと書きながら、途中で病院看護師の病院管理に関する記述に「行ったり来たり」したのも、その表れの一種だろう。

そして、ナイチンゲールの在宅医療の夢は、彼女の言及した「西暦 2000 年」に、日本の介護保険制度や世界的な在宅医療へのシフトで実現された。私たちは、ナイチンゲールの描いた理想の医療の姿が実践される社会にいる。ナイチンゲールの生き方に私たちが学ぶとしたら、私たちが 100 年後（2100 年代）に目指す社会への夢を描き、語ることではないかと思う。

第 6 章 ナイチンゲールのイメージの作り変え

●『看護婦はどう見られてきたか』

ナイチンゲール死後、シドニー・ハーバートを「支配」（魅惑）しながら、男性中心社会の中の論争で改革を成し遂げていったナイチンゲールの実像が、いつのまにか作り変えられていった。衛生改革における論争家の姿は隠され、「ランプをもった貴婦人」「クリミア戦争での献身」を強調したイメージの作り変えが行われた。

ナイチンゲールをはじめとした看護師のイメージの作られ方について分析した著作が、アン・ハドソン・ジョーンズ編著『看護婦はどう見られてきたか～歴史、芸術、文学にお

---

*9 日本 WHO 協会訳。https://www.japan-who.or.jp/commodity/kenko.html

けるイメージ』[9] である。この本の面白さに大阪大学医学部の中川米造教授（当時）が気づき、中川研究室に集う女性を中心とする若手医師・研究者が討議をしながら分担して訳を進めた。著者ジョーンズは「ナイチンゲールが成功したのは、彼女が強靭な実際的精神の持ち主で、組織と管理の天才で、政治的な策士で、強力で独断的な女性でトラブルメーカーだったからだ」と現実を認識している。

　その上で分析が始められる。第1章（堀池依子訳）では「ナイチンゲール像の検討」の必要性が訴えられ、第10章『『白衣の天使』（1936年）〜ハリウッド映画のフローレンス・ナイチンゲール像」（松山圭子訳）で詳細に分析されている。映画『白衣の天使』は、75分の作品で、ナイチンゲールの90年の生涯のうち1850年のクリミア出発前から、56年の帰国後のヴィクトリア女王謁見で終わる。つまり、母・姉の反対で看護の仕事に進めなかったにもかかわらず「あきらめなかった」苦闘は抜きで、いきなり看護の道に入る。そして白衣の強調、兵士を看護するのでなく抱きかかえるシーンなど、聖職でなおかつ「女性的」なイメージを強調する。そして映画は、56年のヴィクトリア女王への謁見で締めくくられ、衛生改革でのナイチンゲールの論争的態度にはまったく触れていない。

　クリミア戦争中のクリミア軍医長ホール（映画では「ハント」）との対決のシーンを通じてもイメージが作り変えられている。

　映画の中では軍医長の妨害により、病院の外で待たされるナイチンゲールのシーンがある。「映画のなかのシーンもナイティンゲールに対して同じ効果を与えている。彼女のように、バラクラーヴァ（クリミア）の病院の前に座ることで、ナイティンゲールは、英国陸軍の医療体制さえ譲歩せねばならないほどの共感をひき起こす。これは、映画のヒロインにとって人間と感情の勝利である。彼女は、不正の前で静かな不服従の姿勢によって共感をひき起こし、悪魔のようなハント医師および非人間的で冷たい官僚機構に対して勝利をおさめたのだ。看護の母は、政治的立ち回りのうまい行政官—実際のナイチンゲールはそうであったが—としてではなく、モラルの力を通じて勝利する受難のしもべとして描かれている」[9]

　ハリウッド映画で作り出されたナイチンゲールのイメージが、のちに世界的な看護師のイメージとなっていく。自己献身的な奉仕、母・尼僧・修道女のイメージである。

　日本ではそれに加えて戦時体制に進む中でイメージが作り変えられていく。「彼女（ナイチンゲール）の思想は、残念ながらわが国の看護教育の場で正しく継承されたとは言えなかった。一つには、その後のわが国の看護婦養成は医師によって行われ、医師の手足となって働く看護婦への期待が主流となったこと。また、日清・日露戦争から太平洋戦争終結まで、男性兵士に伍して戦場に赴く従軍看護婦を鼓舞するツールとしてのナイチンゲール像が、当時の国策推進のために都合よく神格化されたことによると思われる。それは、犠牲的献身こそ最大の美徳であるとして、国家大事に身を挺する果敢な女性像にほかならない」（川島みどり『21世紀—ナイチンゲール像への接近』：ヒュー・スモール『ナイチンゲール〜神話と真実〜』[5] 収録）

　ハドソンは著書の最後にこう述べている。「よい看護婦とは『白衣の天使』ではない。それ（よい看護婦）は、現実のナイチンゲールにもっと似ている—理想主義者だが、現

実的でもあり、独立心に富み、自己主張的で、機知に富んでいる。（中略）いまや歴史上のナイティンゲールの遺産を再評価すべき時である」[9]

終章 ナイチンゲールとの出会い（2001〜05 年）

●西暦 2000 年前後の変化

　朝倉（本冊子の著者）は東大農学部を卒業後、駿台予備学校生物科講師となった。1991年からは駿台予備学校市谷校舎（医学部受験専門校舎）で生物を教えていたので、医療系には関わりはじめたが、ナイチンゲールの実像は知らないままの状態が続いていた。

　ナイチンゲールが「夢」の中で言及した 2000 年ごろ、世界・日本を取り巻く二つの変化があり、私もその変化に影響されることになる。

　一つ目は、看護への注目とナイチンゲール研究の進展・大衆化である。クック・スミスなどの伝記やナイチンゲール著作集の刊行はあったとはいえ、それは看護の世界だけであった。しかし、1990 年の厚生省（当時）による 5 月 12 日の「看護の日」の制定、3 年制の看護学校から 4 年制の看護学部への移行が始まり、看護師の中で地域看護までできる保健師資格まで取得する者が増えてきた。そのような看護への注目が強まる中、私が大きく学ぶことになる『看護婦はどう見られてきたか』[9] の邦訳が 1997 年に、『ナイチンゲール 神話と真実』[5] の邦訳が 2003 年に出版され、ナイチンゲールを捉えなおす素材がそろっていった。

　二つ目は、介護保険制度など在宅医療の流れの強化と地方分権への流れである。朝倉は1999 年より船橋市議になっていたが、2001 年に中核市の指定要件の緩和に向けた議論が市議会でも行われはじめ、やがて船橋市も中核市を目指すこととなった。中核市になると千葉県管轄の保健所が船橋市に移管され、保健行政の比率が高まり、保健師の役割が大きくなる。そのため保健師の役割を調査する中で、荘田智彦の『保健婦 ―「普通」を守る仕事の難しさ』[10] に出会い、その中でナイチンゲールが地域看護を目指していたことを始めて知る。本の中では荘田氏が看護師の仕事を同行取材した、新宿区区民健康センター訪問看護師が以下のように言ったということが書かれている。「『介護保険』の制度化などで、訪問看護のニーズが増えて、多くの看護婦が地域に出るようになったけれども、病院での臨床看護の訓練しか受けてこなかった看護婦にすぐ地域で訪問をやれといっても難しいですよ。新カリキュラムでは、どの学生も『在宅看護』を学ぶことになっていますが、日本にはそれを教えられる人がほとんどいないです。面白いことに、あのナイチンゲールがね、150 年も前に『地域看護』を育てることが、看護教育の究極の目的といっていますよ。ぜひ、読んでごらんなさい。今でも少しも古くないことにきっと驚くだろうと思いますよ」。私もこの本がナイチンゲールを知る最初のきっかけだった。

●個人的体験

　2001～05 年、朝倉は更に様々でかつ意外なところでもナイチンゲールに出会い続けることになる。当時子どもが通っていた保育園の同じクラスでは、お絵かき用の「裏紙」の提供を保護者から求め、私も生物の授業の余ったプリントを出していた。クラスの子どもはどの保護者が提供した裏紙をお絵かきに使うかわからない。ルーレットのようなものだ。うちの子が持ち帰るお絵かきの裏紙に、看護学部の講師のレジメがあり、「病気とは自然の回復過程」などナイチンゲールの言葉が書いてあった。更に、私が他の問題意識もあって入学した放送大学の講座にも「疾病とその回復過程」という講座があり、ナイチンゲールを紹介していた。調査をする中で、放送大学本部図書館に収納してあったイギリスBBC 作成の映画『ナイチンゲール〜情熱的な統計学者〜』があり感動する。更に、不思議なタイミングで、そのころ、丸善が BBC も含む科学技術医療系のビデオを売り出していた。私は『ナイチンゲール〜情熱的な統計学者〜』を購入する。

　2003 年に県議選で落選し、2003 年度から 2006 年度は駿台予備学校の仕事に専念することになる（2007 年度から船橋市議に復帰）。駿台予備校で千葉校・市谷校舎・大宮校で昼休みを活用したランチタイム講座という教養講座を実施することになった。そこで2004 年 5 月 12 日にナイチンゲールの誕生日に合わせて「ナイチンゲール」をテーマに千葉校で実施した。以降 15 年この講座は継続実施を重ね、本冊子にあるようなナイチンゲールの実像に関して 1000 名を越える受験生たちに話したこととなる。

　ナイチンゲールとの出会いの過程では、悲しい再会もあった。私が大学 1 年のとき、同じ駒場キャンパスで、1 年先輩の堀池依子さんに出会う。素敵な方で「あこがれの方」であったが、彼女の専門課程への進学とともに会わなくなる。ところが、それから 20 年後、ナイチンゲールを調べる過程で堀池依子さんの訳文を読むことになる。

　堀池依子さんは東大を卒業後、大阪大学医学部に学士入学し、精神科医となったが、直後に若くして亡くなられた。そして、最後の仕事の一つとして中川研究室で『看護婦はどう見られてきたか』（第 1 章）の翻訳に関わった。同じグループにいた宮地尚子さん（一橋大学教授）が堀池依子さんを追悼しながら書いた「学問のクレオール」という文章にも出会い、堀池さんもナイチンゲールの実像に迫る流れの中にいたことを知り、その流れを私も引き継ぎたいと思うようになった。

あとがき 〜生誕 200 年（2020 年）〜

　そのような経過で、2020 年 5 月 12 日の生誕 200 年にはナイチンゲールを考える市民向けの講演会を企画しようとずっと思い続けてきた。そして 2020 年には看護系の友人に講師の打診もしていた。しかし、そんなとき、世界も日本も新型コロナウイルス感染症(COVID-19) にさらされることになる。今、世界の看護師・保健師を含む医療関係者は、

ナイチンゲールがスクタリ野戦病院で体験したような苦闘の中にある。そして世界のだれもが、手洗い・換気といったナイチンゲールが『看護覚え書』で市民向けに普及しようとしてきた行為に学んでいる。

イギリスでは、2020年3月、ロンドンオリンピックに使用されたイベント会場 ExCeL を対コロナ野戦病院「NHS ナイチンゲール」に転換し、2020年4月、フローレンス・ナイチンゲール財団より、全世界でコロナ対策に取り組む看護師・助産師へのメッセージが送られる。

日本でも緊急事態宣言が出され、学校は休校、駿台予備学校の首都圏校舎も前期休校となった。公共施設はどこも閉鎖で、5月12日に講演会を実施することは無理であり、YouTube での発信のみを考えざるを得ない状況である。私は市議としての定期的な船橋市役所に対する調査要請活動と Web での数学動画発信を続けつつも、全体的には市関連の企画はほぼ中止され縮小され在宅比率を高めている。

そんなときだからこそ、在宅の時間を活用し、15年間語ってきたことを文章にまとめ、ネットのみを使った入稿のしかたで世に出すのが私の「召命」かと感じ、本書を書くにいたった。本書が皆様がナイチンゲールに学びながら、今の課題に「執念」をもってとりくみ、100年後の未来の「夢」を描くきっかけになれば幸いである。

2020年5月12日　出版（4月執筆）　朝倉幹晴

参考文献

[1] セシル・ウーダム・スミス 著, 武山 満智子, 小南 吉彦 訳,『フロレンス・ナイチンゲールの生涯』, 現代社, 1981年. ISBN 978-4-87474-022-4（全2巻）.
（原著）Cecil Blanche Woodham-Smith, "Florence Nightingale, 1820–1910", McGraw-Hill Book Company, 1951.
https://archive.org/details/florencenighting00wood
[2] 宮本 百合子,『フロレンス・ナイチンゲールの生涯』, 婦人朝日 昭和15年4月号.
（青空文庫）https://www.aozora.gr.jp/cards/000311/card3110.html
[3] フロレンス・ナイチンゲール 著, 湯槇 ます ほか 訳,『看護覚え書: 看護であること・看護でないこと』, 現代社, 1968年. 改版第7版, 現代社, 2011年. ISBN 978-4-87474-142-9.
（原著）Florence Nightingale, "Notes on Nursing: What it is, and What it is Not", Harrison, 1859.
https://archive.org/details/NotesOnNursingByFlorenceNightingale
2nd Ed., Harrison, 1860.
https://archive.org/details/notesonnursingw01nighgoog/
[4] 徳永 哲, ナイチンゲール,「1842年から1854年までの成長の軌跡—エンブリーとリーハースト及びロンドンでの出来事を基にして」, 日本赤十字九州国際看護大学 Intramural Research Report (9) 2010, pp.39–50. http://doi.org/10.15019/00000035
[5] ヒュー・スモール 著, 田中 京子 訳,『ナイチンゲール 神話と真実』, みすず書房, 2003年. ISBN 4-622-07036-7.
（原著）Hugh Small, "Florence Nightingale: Avenging Angel", Constable, 1998. ISBN 0-09-479010-8.

Second Edition, Knowledge Leak, 2013. ISBN 978-0-9572797-1-1.

[6] 川井 真，「社会貢献・高齢者福祉 統計化された社会の系譜：疫学と医療情報の今日的意味」，共済総研レポート (121):2012.6, pp.30-36.

[7] フリードリヒ・エンゲルス 著，浜林 正夫 訳，『イギリスにおける労働者階級の状態』，上，下，新日本出版社，2000 年．ISBN 978-4-406-02739-7（上），ISBN 978-4-406-02744-1（下）．（原著）Friedrich Engels, "Die Lage der arbeitenden Klasse in England", Leipzig, 1845. https://books.google.co.jp/books?id=OH4IAAAAQAAJ

[8] フローレンス・ナイチンゲール 著，薄井 坦子 ほか 編訳，『ナイチンゲール著作集 第 2 巻』，現代社，1974 年．ISBN 978-4-87474-014-9.

[9] アン・ハドソン・ジョーンズ 編著，中島 憲子 監訳，『看護婦はどう見られてきたか：歴史、芸術、文学におけるイメージ』，時空出版，1997 年．ISBN 4-88267-023-2.（原著）Anne Hudson Jones, "Images of Nurses: Perspectives from History, Art, and Literature", University of Pennsylvania Press, 1988. ISBN 978-0-8122-1254-9

[10] 荘田 智彦 著，『保健婦 ―「普通」を守る仕事の難しさ』，家の光協会，1999 年．ISBN 978-4-259-54549-9.

[11] 薄井 坦子 編，『ナイチンゲール言葉集：看護への遺産』（現代社白鳳選書 16），現代社，1995 年．ISBN 4-87474-086-3.

[12] 金井 一薫 監修，さくら まんが作画，『ナイチンゲール：看護に生きた戦場の天使』（角川まんが学習シリーズ まんが人物伝），KADOKAWA，2017 年．ISBN 978-4-04-103973-1.

[13] 村岡 花子 文，丹地 陽子 絵，『ナイチンゲール：戦場に命の光』，新装版（講談社火の鳥伝記文庫 6），講談社，2017 年．ISBN 978-4-06-149919-5.

[14] 丸山 健夫 著，『ナイチンゲールは統計学者だった！ 統計の人物と歴史の物語』，日科技連出版社，2008 年．ISBN 978-4-8171-9273-8.

[15] 松村 昌家 ほか 編，『英国文化の世紀 3 女王陛下の時代』，研究社出版，1996 年．ISBN 4-327-35203-9.

[16] 池田 智子 編著，『産業看護学』（保健の実践科学シリーズ），講談社，2016 年．ISBN 978-4-06-156317-9.

ナイチンゲール生誕 200 年 —その執念と夢—

2020 年 5 月 12 日 初版 発行
著 者　朝倉 幹晴 （あさくら みきはる）
発行者　星野 香奈 （ほしの かな）
発行所　同人集合 暗黒通信団 （http://ankokudan.org/d/）
　　　　〒277-8691 千葉県柏局私書箱 54 号 D 係
本 体　260 円 / ISBN978-4-87310-242-9 C0047

Σ 乱丁・落丁は、衛生状態が悪いからです。速やかに改善しなさい。